Elefantes

Shelby Braidich

Traducción al español: José María Obregón

Rosen REAL READERS en español

Rosen Classroom Books & Materials
New York

Los elefantes son los animales terrestres más grandes.

La mayoría de los elefantes son
de color gris.

Los elefantes tienen largas trompas y colmillos blancos.

Los elefantes comen mucho.

Algunos elefantes viven en el zoológico.

Los elefantes viven en familia.

Palabras que debes saber

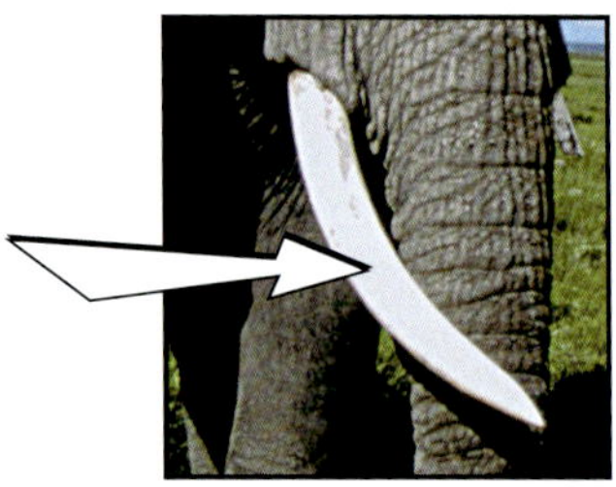

(el/los) colmillo(s)

(el) elefante

(la) trompa